BEI GRIN MACHT SICH IHR WISSEN BEZAHLT

AF136354

- Wir veröffentlichen Ihre Hausarbeit, Bachelor- und Masterarbeit

- Ihr eigenes eBook und Buch - weltweit in allen wichtigen Shops

- Verdienen Sie an jedem Verkauf

Jetzt bei www.GRIN.com hochladen und kostenlos publizieren

Bibliografische Information der Deutschen Nationalbibliothek:

Die Deutsche Bibliothek verzeichnet diese Publikation in der Deutschen National-
bibliografie; detaillierte bibliografische Daten sind im Internet über http://dnb.d-
nb.de/ abrufbar.

Impressum:

Copyright © 2018 GRIN Verlag
Druck und Bindung: Books on Demand GmbH, Norderstedt Germany
ISBN: 9783346095084

Dieses Buch bei GRIN:

https://www.grin.com/document/512190

Jannik Mohns

Preismanagement für XY-Fitness GmbH, SWOT-Analyse "Freeletics" und Coporate Identity für "Kieser"

GRIN Verlag

GRIN - Your knowledge has value

Der GRIN Verlag publiziert seit 1998 wissenschaftliche Arbeiten von Studenten, Hochschullehrern und anderen Akademikern als eBook und gedrucktes Buch. Die Verlagswebsite www.grin.com ist die ideale Plattform zur Veröffentlichung von Hausarbeiten, Abschlussarbeiten, wissenschaftlichen Aufsätzen, Dissertationen und Fachbüchern.

Inhaltsverzeichnis

1 Preismanagement und Kooperationen

1.1 Preiselastizität der Nachfrage

Die Preiselastizität der Nachfrage zeigt die Veränderung der nachgefragten Mengen, nach einer bestimmten Preisänderung an. Es folgt der Rechenweg für die Bestimmung der Preiselastizität für eine Anlage der X&Y Health GmbH. Ist das Ergebnis der Rechnung größer 1, ist die Nachfrage elastisch, ist das Ergebnis gleich 1, ist die Nachfrage isoelastisch und ist sie kleiner als 1, so ist sie unelastisch. Ein möglicher Schluss daraus wäre, je unelastischer die Nachfrage auf eine Preisanhebung reagiert, desto lohnender ist es, den Preis zu erhöhen. Ausgang ist die Formel (Bruhn, 2016, S. 184) für die Errechnung:

$Preiselastizität\ der\ Nachfrage = Änderung\ der\ Menge\ in\ \% \div Änderung$ des Preises in %

Zunächst werden die beiden Änderungsraten errechnet:

$$Änderung\ der\ Menge = 2700 - 2400 = 300$$

$$Änderung\ der\ Menge\ in\ \% = 300 \div 2700 \times 100 = 11.11\%$$

$$Änderung\ des\ Preises = 40{,}9 - 45{,}9 = 5$$

$$Änderung\ des\ Preises\ in\ \% = 5 \div 40{,}9 = 12{,}22\%$$

$$Preiselastizität\ der\ Nachfrage = -11{,}11 \div 12{,}22 = -0{,}91$$

Errechnet wurden 0,91, damit liegt der Wert unter 1 und somit liegt eine unelastische Nachfrage vor. Das heißt, die Preisänderung wirkt sich nur geringfügig auf die nachgefragte Menge aus und somit könnte durch die Erhöhung des Preises und der dadurch ausgelösten geringfügigen Abnahme der Nachfrage insgesamt mehr Gewinn erzielt werden.

1.2 Preisbildung

Für die Preisbildung werden im folgendem mehrere Verfahren begutachtet.

1.2.1 Anlässe der Preisbildung

Die X&Y Health GmbH möchte ihr Firmenwachstum antreiben und sich neue Märkte erschließen. Bis zum jetzigen Zeitpunkt verfügt die GmbH über fünf Anlagen im Südwestlichen Bundesgebiet, wobei mehrere neue Anlagen geplant sind.

Der neue Markt erstreckt sich dann über Nord- und Ostdeutschland. Die Produkt- und Leistungsstrategie nach der Ansoff-Matrix gibt vier Basisstrategien vor (2018, methode.de). Die Strategie der Marktentwicklung kann hier angewendet werden, da es auch hier um neue Märkte und bestehende Produkte geht.

1.2.2 Kostenorientierte Preisbildung

„Die Verfahren der kostenorientierten Preisbildung nehmen eine Preiskalkulation auf Grundlage der Kostenträgerrechnung vor" (Bruhn, 2016, S. 184) und dazu werden Instrumente der Vollkosten- als auch Teilkostenrechnung herangezogen. Mit der Kostenzuschlagskalkulation wird nun der monatliche Mitgliedsbeitrag brutto berechnet. Brutto wird mit (B) und Netto mit (N) abgekürzt.

Tabelle 1: Rechnung

Variable Kosten	8,5 (N) pro Person pro Monat * 1,19= 10,12 (B)
Fixe Kosten	650000 (N) pro Jahr * 1,19=773500 (B)/12= 64458,33 pro Monat
Erwarteter Absatz	2800 Mitglieder
Stückosten	Variable Kosten+ fixe Kosten/Absatzmenge
Stückosten	10,12+(64458,33/2800)= 33,14
+ Gewinnzuschlag 15 %	33,14 * 1,15=38,11
Finaler Mitgliedsbeitrag pro Monat	38,11 €

1.2.3 Konkurrenzorientierte Preisbildung

Im selben Marktgebiet befindet sich ein gleichpositionierter Konkurrent, der sich eben-falls in der Neueröffnung befindet. Der monatliche Mitgliedsbeitrag liegt bei 29,95 €
brutto. Für die konkurrenzorientierte Preisbildung wird für die Preisbildung der Markt-preis zur Orientierung herangezogen. Die X&Y GmbH sollte sich hierbei am Preisfüh-rer orientieren, also am Preis der neuen Anlage des Konkurrenten. Die X&Y GmbH
sollte ihren eigenen Preis anpassen und auf 34,95 € reduzieren und liegt damit 5 € über
dem Preis der Konkurrenz. Die Begründung dafür könnte mit der hohen Qualität der
eigenen Dienstleistung belegt werden. Mit einem etwas höheren Preis wird eine gering-fügig andere Zielgruppe angesprochen, womit eine gewisse Abgrenzung zur Konkurren-ten erzielt werden kann.

2 Strategische Analysemethoden

Es folgt eine Analyse für das Unternehmen Freeletics GmbH.

2.1 Five-Forces Modell

Mit dem Five-Forces Modell kann die Attraktivität eines Marktes analysiert werden.
Die Analyse wird vor dem Markteintritt eines Unternehmens durchgeführt. Die fünf
Kräfte sind Mitbewerber Rivalität, potenzielle Mitbewerber, Bedrohung durch Ersatz-produkte und die Verhandlungsstärke der Kunden und der Zulieferer (Hoepner, 2017, 5-Forces von Porter).

Aktuelle Rivalen der Freeletics GmbH sind Runtastic Results, Nike Training Club, 7
Min Workout, Beyond the whiteboard. Damit existiert eine hohe Verfügbarkeit an Sub-stitutionen (Sztuka, 2018, Five Forces). Viele dieser Apps wurden millionenmal herun-tergeladen und haben ebenso wie Freeletics über die Zeit große Communities erschaf-fen. Die meisten starten mit einer kostenfreien reduzierten Version und haben dazu noch
eine Premiumversion, die dann bezahlt werden muss. Die Mitbewerberrivalität ist als
sehr hoch einzustufen, da der Wechsel von einer App zur anderen recht schnell und oh-ne viel Aufwand für die Kunden machbar ist. Besonders durch die kostenlosen Versio-nen hat der Kunde die Möglichkeit die Apps ausgiebig zu testen und sich dann zu ent-scheiden. Das bedeutet, die Umstellungskosten und Mühen für den Kunden sind extrem

gering (Sztuka, 2018, Five Forces) Potenzielle neue Mitbewerber sind digitale Coaches für das Handy bzw. Tracker in Uhren und Bändern. Diese könnten das Training mit Vitaldaten wie Puls etc. aus den Trackern personalisieren und so dem Kunden den Eindruck eines Personaltrainings suggerieren. Diese Möglichkeit bietet Freeletics noch nicht. Im Gegensatz dazu ist die Verhandlungsstärke der Zulieferer als extrem gering einzuschätzen. Zum einen ist die Dienstleistungsbranche kaum abhängig von Zulieferern und zum anderen werden für die Herstellung der Produkte von der Freeletics GmbH keine Güter benötigt. Einzig ein potenziell umkämpfter Arbeitsmarkt in der IT-Branche hätte Einfluss auf Freeletics.

Auch die Bedrohung durch Ersatzprodukte ist als relativ gering einzuschätzen, da diese zum jetzigen Zeitpunkt kostentechnisch nicht auf dem Niveau sind wie Freeletics. Dies bezieht sich zum Beispiel auf sämtliche Innovationen aus der Medizin und Pharmazie, wie eine Pille, die schlank und muskulös macht. Es besteht zwar in der Zukunft die Gefahr, aber zumindest zum jetzigen Zeitpunkt nicht.

2.2 Durchführung SWOT-Analyse

Da die Situatiuonsanalyse Ausgangspunkt jeder systematischen Marketingplanung sein sollte, empfiehlt sich hier eine SWOT-Analyse (Strengths-Weaknesses-Opportunities-Threats). Das Ergebnis einer solchen Analyse sind die wichtigsten externen Chancen und Risiken sowie die korrespondierenden Stärken und Schwächen des Unternehmens (Bruhn, 2016, S. 41).

Die SWOT-Analyse besteht aus folgenden sechs Schritten: Erfassung der relevanten unternehmensexternen Einflussgrößen, Erstellung einer Chancen-Risiken-Analyse, Erfassung der relevanten unternehmensinternen Einflussgrößen, Erstellung einer Stärken-Schwächen-Analyse, Verknüpfung der unternehmensexternen Chancen und Risiken mit den unternehmensinternen Stärken und Schwächen und der Definition der zentralen Marketingproblemstellung (Bruhn, 2016, S. 41).

Zunächst werden Stärken und Schwächen des Unternehmens betrachtet. Eine offensichtliche Stärke der Freeletics GmbH ist die weltweite Verbreitung und Marktführerschaft. Das Unternehmen hat seit der Gründung 2013 laut eigenen Angaben 14 Millionen registrierte Nutzer in über 160 Ländern. Verfügbar ist die App in 8 Sprachen (Freeletics GmbH, 2017, Pressekit). Dazu kommt ein umfangreiches Portfolio mit Freeletics Bodyweigt, Freeletics Running, Freeletics Gym, Freeletics Wear und Freeletics Nutrition. Eine weitere Stärke des Unternehmens ist das Netzwerk der Nutzer oder die Community. So organisieren sich die Nutzer meist in Gruppen in sozialen Netzwerken. So haben zum Beispiel die Beiden Facebookgruppen der Städte Paris und München zusammen ca. 40000 Nutzer (Freeletics GmbH, 2017, Pressekit). Ein wichtiger Aspekt für die rasche Gewinnung der vielen Mitglieder, ist das Training jederzeit und überall. Dies ist auch die größte Stärke des Unternehmens. Dem Nutzer ist es möglich sofort zu starten mit einem Training. Es ist nicht an Öffnungszeiten, Arbeitszeiten von Trainern, dem Wetter und anderen Faktoren gebunden.

Zu den Schwächen von Freeletics gehört der fehlende Gesundheitsaspekt. Es gibt keine Form der Anamnese oder Erfassung von Kontraindikationen. Es ist allein dem Nutzer überlassen sein gesundheitliches Risiko bei der Durchführung der Übungen abzuschätzen. Dazu kommen die fehlende Korrektur eines realen Trainers und so das Sicherstellen eines trainingswirksamen Reizes. Auch die Anreize der App die Übungen möglichst schnell durchzuführen, um so auf der Rangliste und im Vergleich zu seinen Freunden weit oben zu sein, ist für den gesundheitsorientierten Sportler kontraproduktiv. Die Ursprünge des „Functional Trainings" liegen im Rehabereich. Besonders im Rehabilitationstraining bei Verletzungen des Bewegungsapparates und im Athletiktraining im Leistungssport. Freeletics wirbt damit, „Functional Training" anzubieten (Freeletics GmbH, 2017, Pressekit). Allerdings erreicht Freeletics die Maßstäbe dafür nicht. Wichtige Aspekte des „Functional Training" sind gut koordinierte Übungen mit Alltagsbezug und ausreichender Körperspannung. Freeletics wirbt mit Ranglisten und immer schnelleren Zeiten für die Trainings und dem Vergleich zu Freunden und in sozialen Netzwerken. Dabei handelt es sich um Merkmale von Wettkampfsportarten und nicht von „Functional Training" oder gar Gesundheitssport.

Damit Kraft - und Ausdauertraining erfolgreich ist und damit auch schlussendlich motivierend, muss das Training zielgerichtet sein. Es wird weder ein Eingangstest angeboten, mit dem der Kunde sein Fitnesslevel bestimmen kann, noch Restest zu einem späteren Zeitpunkt. Auch ist keine Möglichkeit in der App implementiert, Ziele mit Inhalt, Ausmaß und Zeit zu formulieren. Es werden zwar verschiedene workouts angeboten, allerdings ohne einen vorgeschriebenen Zyklus oder Periodisierung oder einer Angabe der Intensität beispielsweise in Prozent vom max. effort. Schlussendlich fehlt der App die komplette Trainingssteuerung individuell auf den Kunden abgestimmt durch Kraft- oder Ausdauertests und Retests.

Bei der Betrachtung der Fitnesstrends 2018 des Arbeitgeberverbandes deutscher Fitness- und Gesundheitsanlagen fällt auf, dass das Betriebliche Gesundheitsmanagement, die Betriebliche Gesundheitsförderung und die Ausbildung der Trainer ganz weit oben stehen (DSSV, 2018 Fitness Trends 2018). Weder für das BGM noch BGS kommt freeletics in Frage. Hier ist die Konkurrenz im Bereich functional fitness mit entsprechenden Geräten und gut ausgebildetem Fachpersonal ein besserer Ansprechpartner für Unternehmen, als die App der freeletics GmbH. Besonders durch die korrekte Anleitung und das gesundheitsorientierte Training kann die Konkurrenz punkten. Abgesehen von den Betrieben, „informieren sich auch die Fitnesskunden bei der Wahl ihres Studios immer genauer". Im Besonderen „hinterfragen sie mehr und stellen hohe Ansprüche an die Qualifikation ihrer Training". Die Fitnessbranche hat sich mehr und mehr auf diese Entwicklung eingestellt und eine hohe Qualifikation der Mitarbeiter etabliert (DSSV, 2018 Fitness Trends 2018). Das Risiko besteht für freeletics, dass das Unternehmen von der Konkurrenz abgehängt wird, denn für ein Unternehmen wie McFit wäre es einfacher eine App wie freeletics in sein Portfolio zu übernehmen, als das freeletics ein hands on Coaching etablieren kann.

All diese Risiken könnte die freeletics GmbH abschwächen indem sie eine Kooperation mit zum Beispiel lokalen Vereinen eingeht und die Trainingsflächen, sowie das Personal der Vereine nutzt und mehr Betreuung anzubieten. Durch die immer weiter voranschreitende Digitalisierung könnte das Unternehmen eine technische Weiterentwicklung einführen, die die Bewegungen der Kunden aufnehmen und bewerten kann. Dies wäre zum Beispiel durch die Kamera des Smartphone möglich, denn dieses benötigt der Kunde eh für das Training. Der Kunde könnte sein Training filmen und dieses hochladen. Als Zusatzleistung, wird das Training entweder durch einen digitalen Trainer bewertet oder durch einen gut qualifizierten Personaltrainer von freeletics. Diese geben dann Feedback zum Training an den Kunden zurück. Positiv für die freeletics GmbH ist auch, dass laut DSSV die Digitalisierung es auf den dritten Platz der Fitnesstrends 2018 geschafft hat (DSSV, 2018 Fitness Trends 2018).

Eine weitere Chance wäre der Ausbau des „functional training" Aspektes. Immerhin schafft es „functional training" auf Platz fünf der Fitnesstrends. „Dabei werden die alltagsnahen Übungen meist mit dem eigenen Körpergewicht oder kleinen Hilfsmitteln durchgeführt". Von diesem Trend kann freeletics profitieren. (DSSV, 2018 Fitness Trends 2018).

2.3 Erstellung einer SWOT-Matrix

Im folgendem wird der letzte Schritt der SWOT-Analyse ausgeführt, die Erstellung einer SWOT-Matrix. Sie Enthält vier Strategien (Bruhn, 2016,S.44).

Tabelle 2: SWOT-Matrix (eigene Darstellung)

Interne Analyse		Externe Analyse	
		Chancen (Opportunities)	Risiken (Threats)
	Stärken (Strengths)	1. Weitere Expansion durch Ergänzung weiterer Sprachen in der APP. Die Verbreitung des Unternehmens ist schon sehr hoch, allerdings durch den technischen Fortschritt werden immer weitere Länder für das Unternehmen lukrativ. 2. Die Digitalisierung und technische Fortschritte nutzen, um Die Community immer weiter auszubauen z.B. durch Verknüpfung mit sozialen Medien und anderen Apps wie Instagram, Snapchat etc. Besonders die junge Generation möchte die eigenen Fortschritte gerne teilen.	1. Erfahrene Mitglieder durch Schulungen z.B. auch online dazu befähigen, anderen Mitgliedern eine Art der Kontrolle und Anleitung zu geben. So könnte das Unternehmen eine Art Mentoring Programm für fortgeschrittene Kunden anbieten. Diese helfen Einsteigern und bekommen dafür spezielle Vergütungen oder Zugriff zu weiteren Leistungen. Auch die Community wird dadurch gestärkt. Möglich wäre auch die Einführung eines Franchise-Systems. 2. Das Training mit dem eigenen Körpergewicht auszubauen und sich als Spezialist für dieses Training positionieren um sich einen Vorteil gegenüber der Konkurrenz zu haben wie z.B. Trackern, McFit App etc.
	Schwächen (Weaknesses)	1. Etablierung eines digitalen und menschlichen Trainers, der das aufgezeichnete Training bewerten kann und dem Kunden Feedback gibt. Damit kann das Unternehmen sowohl eine Anleitung, als auch eine Korrektur anbieten und bekommt so ein umfangreicheres Portfolio. 2. Erweiterung des Onlinetrainings mit Eingabemöglichkeit der sportlichen Ziele (Inhalt, Ausmaß und Zeit) und der Bereitstellung eines individuellen Trainingsplanes mit Belastungsgefüge und Trainingssteuerung.	1. Kooperation mit Reha Einrichtungen, Therapeuten und Physiotherapie. Unter dem Aspekt, des demographischen Wandels, könnte die App den älteren Kunden anbieten, dass der Therapeut oder Arzt Übungen für die App bereitstellt, die er dann Zuhause weitermachen soll. 2. Kurse anbieten, die BGM und BGS geeignet sind und damit an die Unternehmen herangehen. Vorteil für das Unternehmen: Die Arbeitnehmer könnten durch die App, ihren Trainingsplan auch Zuhause und überall durchführen.

2.4 BCG-Portfolio und Produktlebenszyklus

Bei der Portfolio-Analyse, der Marktanteils- und Marktwachstumsanalyse, ordnet die Boston Consulting Group alle Produkte des Unternehmens in eine Vier-Felder-Matrix ein. Je nach Marktwachstum und relativem Marktanteil unterscheidet sie "Question Marks", "Stars", "Cash Cows" und "Poor Dogs". Diese Reihenfolge ähnelt auch einem typischen Produktlebenszyklus. Jede dieser idealtypischen Phasen ist mit einer Handlungsstrategie verknüpft.

2013 wurde das Unternehmen freeletics GmbH gegründet, im Juni 2014 hatte das Unternehmen bereits schon 1 Millionen Nutzer und ist seit dem in der Wachstumsphase. Bis zum Jahr 2017 konnte das Unternehmen über 14 Millionen Mitglieder gewinnen (Freeletics GmbH, 2017, Pressekit). Diese enormen Zuwächse sind der Phase des Wachstums zuzuordnen und damit nach der BCG-Analyse im Bereich der „Stars". „Stars sind strategische Geschäftseinheiten, die in wachsenden Märkten über eine gute Marktposition und somit einen hohen relativen Marktanteil verfügen" (Bruhn, 2017, S.71). Freeletics ist sowohl Marktführer mit 14 Millionen „Freeathletes" (Freeletics GmbH, 2017, Pressekit) und befindet sich auf einem sehr schnell wachsenden Markt. Die Umsatzsteigerung auf dem Fitnessmarkt lag 2017 bei 3 % (DSSV, Eckdaten 2018, S.23). Erstaunlich bei der Entwicklung der App ist der sehr lange Prozess des Wachstums. Die Phase dauert seit 2013 kontinuierlich an und die Phase der Reife hat noch nicht begonnen.

2.5 Fazit

Die Implementierung einer Fitnessapp wie freeletics in das Portfolio für die Fitnesskette ist sinnvoll. Sowohl bei der Betrachtung des BCG-Portfolios, bei der die App freeletics im Bereich der „Stars" liegt, als auch die Ergebnisse der SWOT-Analyse, lassen diesen Schluss zu. Das jüngere technikaffine Publikum würde davon profitieren, als auch die „Best Ager". Die Jüngeren Kunden könnten sich noch besser vernetzen und ihre Trainingsergebnisse teilen und die „Best Ager" könnten viele Übungen mit nach Hause nehmen oder im Urlaub ihr Training fortsetzen. In jedem Fall sollte darauf geachtet werden, dass die bekannten Schwächen der App reduziert werden. Da aber die Fitnesskette über gut qualifiziertes Personal verfügt, könnte dieses auch die App Nutzer perfekt betreuen. Auch könnte die Trainingssteuerung, die eh schon offline angeboten wird, in der App eingepflegt werden.

3 Corporate Identity

„Corporate Identity kann als Identität eines Unternehmens übersetzt werden und ergibt sich aus dem gemeinsamen Selbstverständnis aller Mitarbeiter über die Unternehmenspersönlichkeit" (Stengel & Rennahk, S.2).

3.1 Interview-Analyse

Im folgendem wird der Rebrand der Firma Kieser anhand zweier Interviews mit dem Firmengründer Werner Kieser und dem Chef der Markenführung Patrik Meier analysiert. Der Wechsel der Corporate Identity fand 2014 statt.

3.1.1 Überarbeitung der Corporate Identity

Die Überarbeitung der Corporate Identity lässt sich an verschiedenen Anzeichen gut beobachten. Zunächst hat die Firma ihre Farbgebung geändert. „Wir haben auch analysiert, dass unsere Corporate Identity mit dem Grau und Gelb ein bisschen veraltet wirkt" (Panzeri, 2014). Desweiteren stellt Patrik Meier fest, dass viele Menschen auf dem deutschen Markt die Farbe Gelb mit einem bekannten Discounter Fitnessstudio assoziieren. „Deshalb haben wir dieses Gelb ganz aus dem Logo herausgenommen"(Panzeri, 2014). Das Unternehmen hat dafür wieder auf eine Farbe aus der Vergangenheit zurückgegriffen: „Stattdessen arbeiten wir jetzt mit Blau. Schon früher war Blau eine wichtige Farbe von Kieser Training. Auch unserer Maschinen waren eine Zeitlang blau" (Panzeri, 2014). Desweiteren wurde auch die Werbung geringfügig verändert. In den Anfängen bestand die Werbung fast ausschließlich aus Empfehlungsmarketing: „bis zu 90% der Klienten sind auf Empfehlung gekommen. Der Rest durch Presseberichte[...] So haben wir ein bisschen Werbung gemacht" (Panzeri, 2014). Mittlerweile werden auch die sozialen Medien bedient, sowie ein Blog von Werner Kieser und es gibt ein Kundenmagazin. Dies wird hier deutlich: „Wir berücksichtigen Print-Medien, Online-Medien und neu auch die Sozialen Meiden" (Panzeri, 2014).

Ein weiteres Anzeichen für einen Wechsel der Corporate Identity, ist das Zielpublikum der neuen Kampagne: „Unsere Imagekommunikation ist ausgerichtet auf Leute ab 30 bis 55" (Panzeri, 2014). Vor der Umstellung lag die Zielgruppe zwischen 50 und 70 Jahren (fmi, 2014). Auch die Trainingsschwerpunkte haben sich durch die Überarbeitung der Corporate Identity verändert. So wurden neben dem Training für einen starken Rücken immer mehr in andere Forschungsprojekte investiert: „Ein Forschungsprojekt für eine Problemlösung ist schnell sehr teuer. Wir haben das gemacht für unsere Maschine für Sprunggelenk und Beckenboden. Beckenboden ist ein riesiges Problem, die Inkontinenz auch bei Männern ab 50. Das kann man aber lösen, und da sind wir dran als Erste weltweit" (Panzeri, 2014). Verändert wurde auch der Leitsatz. Von „Ein starker

Rücken kennt keinen Schmerz" (fmi, 2014) zu „Ja zu einem starken Körper" (Panzeri, 2014). Hier spiegelt sich auch der Wandel wieder. Jetzt werden der gesunde Körper und ein holistisches Training in den Vordergrund gestellt. Dies soll auch dem Stigma des Training für alte und kranke Menschen entgegenwirken: „der Fokus auf die Schmerzbeseitigung führte aber auch dazu, dass der Eindruck des Trainings für Alte und Kranke entstanden ist " (fmi, 2014).

3.1.2 Gründe für eine neue Ausrichtung der Corporate Identity

Für eine neue Ausrichtung der Corporate Identity oder ein Rebranding. Eine neue Ausrichtung ist eine Reaktion auf innere oder äußere Veränderungsprozesse und ist eine Möglichkeit Werte und Ziele einer Marke zu überprüfen und neu zu definieren. Vier mögliche Gründe sind:

1. Neupositionierung z.b. durch Zielgruppenwechsel
2. Veraltetes Design z.b. Neues Logo, Farbwechsel
3. Straffung/Erweiterung des Portfolios z.b. neue Geräte, Reduzierung gewiss. Bereiche
4. Veränderung der inneren und äußeren Kommunikation

Alle der oben genannten vier Gründe sind bei Kieser zu finden. In der Vergangenheit war Kieser besonders für das Training für alte und kranke Menschen bekannt: „der Fokus auf die Schmerzbeseitigung führte aber auch dazu, dass der Eindruck des Trainings für Alte und Kranke entstanden ist " (fmi, 2014). „Zu Kieser geht man nur, wenn man alt und krank ist, ist natürlich ein Blödsinn. Dies gilt es mit dem Imagewechsel nun zu revidieren, denn unser Angebot richtet sich an eine viel breitere Kundenschicht" (Panzeri, 2014). Die Zielgruppe hat sich von Schmerzpatienten, zu Kunden mit einem Interesse an einem „kräftigen Körper, starker Rücken schönes Leben" (Panzeri, 2014). Das Zielpublikum der neuen Kampagne ist auch jünger: „Unsere Imagekommunikation ist ausgerichtet auf Leute ab 30 bis 55" (Panzeri, 2014). Vor der Umstellung lag die Zielgruppe zwischen 50 und 70 Jahren (fmi, 2014). Der Zielgruppenwechsel wird auch in der Art der Werbung deutlich. „Ganz speziell scheint das Bild einer Anzeige wahrgenommen zu werden, das einen eher älteren Mann mit einer E-Gitarre zeigt [...]" (fmi, 2014). Zudem wird nun auch Werbung in den sozialen Netzwerken gemacht. Eine Veränderung im Design hat auch stattgefunden. Die Farbe Gelb wurde komplett gestrichen, dafür hat man wieder auf eine Farbe der Vergangenheit zurückgegriffen: Blau. Die Modernisierung wurde durchgeführt, da „Die Assoziation mit dem Discounter hat uns besonders gestört". Desweiteren stellt Patrik Meier fest: „Wir haben auch analysiert, dass unsere Corporate Identity mit dem Grau und Gelb ein bisschen veraltet wirkt" (Panzeri, 2014). Die Veränderung des Portfolios wird durch zwei Aspekte deutlich. Zum einen wurde in neue Maschinen investiert und damit das Portfolio erweitert: "Wir haben das gemacht für unsere Maschine für Sprunggelenk und Beckenboden. Beckenboden ist ein riesiges Problem, die Inkontinenz auch bei Männern ab 50. Das kann man aber lösen, und da sind wir dran als Erste weltweit" (Panzeri, 2014). Zum anderen wurde in der Vergangenheit das Portfolio auch schon reduziert: Ich habe deshalb auch eine Sauna und eine Bar eingebaut. Bis ich realisierte, dass die Leute gar nicht mehr trainieren […]Da wollte ich wieder aus das ursprüngliche Konzept zurückkommen" (Panzeri, 2014). Die Erneuerungen in der inneren und äußeren Kommunikation bei Kieser wird deutlich durch die Veränderung der eingesetzten Medien: „Wir berücksichtigen Print-Medien und neu auch die Sozialen Medien" und die interne Umsetzung: „Ganz wichtig ist auch das Employer Branding. Es ist wichtig, dass wir auch unsere eigenen Leute richtig auf die neue Marke hinführen. Bei einem internen Kick-off im Kölner Musical Dome wurde der Belegschaft im September 2013 das neue Marketingkonzept präsentiert" (Panzeri, 2014).

3.1.3   Weitere Unternehmen mit veränderter Corporate Identity

„Der Aufbau und die Pflege eines Markenartikels sowie die damit verbundenen markenpolitschen Maßnahmen sind in den letzten Jahren für viele Anbieter zu einer zentralen Leitidee ihres Marktauftretens geworden" (Brun, 2017, S. 147). Besonders die Individualität einer Marke ist ein wichtiger Faktor für die Abgrenzung in gesättigten Märkten zur Konkurrenz. Ein Erfolgsfaktor dabei ist die konsequente Ausrichtung an der Zielgruppe und die Schaffung eines „Brand USP" (Brun, 2017, S.147). Um das Profil zu schärfen oder auch neue Produkte einzuführen oder das Portfolio zu verdünnen, kann es nötig sein, ein Rebranding durchzuführen und somit die Corporate Identity zu verändern oder zu erneuern. Ein erstes Beispiel hierfür ist SportScheck. SportScheck ist Deutschlands größter Fachhändler und versucht durch einen größeren Erlebnisfaktor sich auf dem umkämpften Markt zu differenzieren (corporate identity portal, 2017, SportsScheck treibt Neuausrichtung der Marke voran). Zu diesem Zweck arbeitet die Firma mit Strichpunkt Design zusammen. Hauptaugenmerk liegt bei dem Rebranding auf der neuen Strategieausrichtung: „weg vom Multi-Spezialisten hin zum fokussierten, profilierten und vernetzen Sportfachhändler „(corporate identity portal, 2017, SportsScheck treibt Neuausrichtung der Marke voran). Visuell manifestiert sich die veränderte Corporate Identity in neuen Themenwelten, wie Women´s Sports und Outdoor mit speziellen Designelementen wie die Typografie und Farben. Dazu kommen eine überarbeitete Farbgebung, Icons, Illustrationen und eine neue Typografie „Intro".

Auch die Commerzbank stellte einen neuen Auftritt vor. Verändert hat sich besonders die neue Wort-Bild-Marke. „Diese besteht aus drei Elementen: dem Namen Commerzbank in einer neuen Schrifttype, der Farbe Gelb und dem dreidimensionalen Band, das die Bildmarke der Dresdner Bank weiterentwickelt" „(corporate identity portal, 2009, Neues Markenzeichen für die Commerzbank AG). Die neue Bildmarke soll die Verbundenheit von Commerzbank und Dresdner Bank sichtbar zeigen und das Band ist die grafische Umsetzung von Kunden, Mitarbeitern und Investoren. Hinzu kommt ein neues Markenversprechen „Gemeinsam mehr erreichen" „(corporate identity portal, 2009, Neues Markenzeichen für die Commerzbank AG). Gründe für die veränderte Corporate Identity nennt auch Martin Blessing, der Vorsitzende des Vorstands der Commerzbank: „Eine neue Bank muss auch nach außen erkennbar neue Zeichen setzen. Für uns war es zudem wichtig, dass alle Kunden ihre bisherige Bank in der neuen Bank wiedererkennen" „(corporate identity portal, 2009, Neues Markenzeichen für die Commerzbank AG).

Eine Weiterentwicklung des Markenauftritts und damit eine Veränderung der Corporate Identity sind bei Austrian Airlines zu beobachten. Mit Blick auf den Jahreswechsel 2018/2019 ist ein Relaunch der App und der Website geplant. „Ziel ist es, den Bedürfnissen der digitalen Welt gerecht und damit moderner zu werden" (corporate identity portal, 2018, Austrian Airlines entwickelt Markenauftritt weiter). Die fortschreitende Digitalisierung macht diesen Schritt notwendig. Andreas Otto, Vorstandsmitglied und CCO von Austrian Airlines dazu: „Die Digitalisierung verändert unser Leben […] die Anpassung unseres Markenauftritts ist ein weiterer wesentlicher Schritt in diese Richtung". Optisch wurde das Logo verändert. Die beiden Kernelemente des Logos wurden leicht verändert und modernisiert, damit das Logo auch auf mobilen Endgeräten und Smartwatches leichter und deutlicher zu erkennen ist. Das typische „AUA-rot" bleibt auch seit 60 Jahren traditionell bestehen. Ebenfalls werden das Erscheinungsbild der Flotte und Beschilderung geändert (corporate identity portal, 2018, Austrian Airlines entwickelt Markenauftritt weiter).

Auch das Staatsschauspiel Dresden hat die Designagentur Strichpunkt engagiert, um das Corporate Design zu überarbeiten: „Die Designagentur wird das Schauspielhaus ab der kommenden Spielzeit 2017/2018 begleiten und das Corporate Design überarbeiten" (corporate identity portal, 2017, Staatsschauspiel Dresden überarbeitet Corporate Design). Das neue Konzept beinhaltet das neue Keyvisual in Form einer Sprechblase in Kombination mit einer neuen Typografie und den Farben Gelb und Schwarz. „Das neue Erscheinungsbild wird online, in allen Printmedien, wie in Programmheften und auf Plakaten, sowie in der Bespielung des Foyers sichtbar werden(corporate identity portal, 2018, Austrian Airlines entwickelt Markenauftritt weiter). Der Intendant des Staatschauspiels Dresden Joachim Klement nennt dafür folgende Gründe: Ein einheitliches Erscheinungsbild, das den Charakter des Hauses und seine Positionierung in Bezug auf aktuelle Themen widerspiegelt, ist eine elementare Anforderung an das neue Design,, (corporate identity portal, 2018, Austrian Airlines entwickelt Markenauftritt weiter)

3.2 Marktstrategien

Es folgen die verschiedenen Marktstrategien, die Kieser GmbH verfolgt und dazu eine Erläuterung und Analyse.

3.2.1 Marktbearbeitungsstrategie und Wettbewerbsstrategie

Die Kieser GmbH betreibt als Marktbearbeitungsstrategie die Segmentkonzentration. Es werden verschiedene Segmente ausdifferenziert, um den Zielmarkt zu bearbeiten. Dafür gibt es folgende Kriterien (Bruhn, 2017, S.60):

1. Demografische Kriterien: Geschlecht, Alter, Familienstand, Wohnort
2. Sozioökonomische Kriterien: Einkommen, Kaufkraft, Haushaltsgröße, Beruf, Ausbildung, soziale Schicht, Besitz- und Ausstattungsmerkmale
3. Psychologische Kriterien: Allgemeine Persönlichkeitsmerkmale, Einstellungen, Präferenzen, Motive, Nutzererwartungen, Lebensstile
4. Verhaltenskriterien: Markenwahl, Einkaufsstättenwahl, Kaufintensitäten, Preisverhalten, Verwendungsverhalten, Serviceverhalten, Mediennutzungsverhalten

Aus der Marktsegmentierung ergibt sich eine Reihe von Marksegmenten, die sich mit diversen Marktbearbeitungsstrategien bearbeiten lassen. Bei der Kieser GmbH liegt als Marketingstrategie das differenzierte Marketing vor. Im Rahmen des differenzierten Marketings wendet Kieser die Strategie der Nischenspezialiserung an. Dabei konzentriert sich das Unternehmen auf ein bestimmtes Marktsegment. Gründe dafür könnten sein: die Fähigkeit der Kieser GmbH spezifische Wettbewerbsvorteile für die ausgewählten Kundengruppen zu erlangen oder die Vernachlässigung dieser Nische durch die Konkurrenz (Bruhn, 2017, S.61).

3.2.2   Produkt-Markt-Matrix nach Ansoff

Die Produkt-Markt-Matrix bietet vier Basisstrategien an, die das Verhalten des Unternehmens am Markt leiten sollen. Auf den Dienstleistungsbereich lassen sich die folgenden Strategien übertragen (Ansoff 1966, S.13ff.):

1. Marktdurchdringung
2. Marktentwicklung
3. Dienstleistungsentwicklung/Dienstleistungsinnovation
4. Diversifikation

Die Kieser GmbH verfolgt zwei dieser Strategien: Marktdurchdringung und Dienstleistungsentwicklung/Dienstleistungsinnovation. „Im Rahmen der Marktdurchdringungsstrategie erfolgt eine Intensivierung der Bemühungen, bei den vorhandenen Kunden die gegenwärtigen Produkte/Leistungen eines Unternehmens vermehrt abzusetzen" (Hirtler, 2012). Kieser versucht dies durch die Erschließung von Nicht-Verwendern. Zum einen durch die Definition der neuen Zielgruppe der 30- bis 55-jährigen (Panzeri, 2014) und zum anderen durch den Einsatz der Werbung in den sozialen Medien (Panzeri, 2014).
Die zweite Strategie, die Kieser anwendet, ist die der Dienstleistungsentwicklung. Das Unternehmen investiert in Entwicklung und Forschung. So wurden drei neue Maschinen entwickelt. Darunter zum Beispiel Maschinen für Sprunggelenk und den Beckenboden (Panzeri, 2014).

4   Digitalisierung in der Fitness- und Gesundheitsbranche

Es folgen vier Vorschläge zur Umgestaltung des Fitnessstudios „Kohl" in Berlin Friedrichs-Hain:

1. Der Hauptauftrag ist es, dass Studio zukunftsfähiger und moderner zu gestalten. Als erstes sollte ein neues Konzept für functional Training eingeführt werden. Functional Training ist unter den fünf Trends für die Fitnessbranche im Jahr 2018 (DSSV, 2018) und ein besonders wichtiger Faktor für junge Menschen. Der Stadtteil Friedrichshain-Kreuzberg ist mit 37,8 Jahren der jüngste Stadtteil Berlins (Bezirksamt Friedrichshain, 2017). Vor dem Hintergrund ist es besonders wichtig, dass moderne Geräte und eben auch ein relativ großer Bereich für functional Training eingeführt werden sollte. Unterstützend dafür wird eine App eingerichtet, die Training „on demand" ermöglicht. So können die Trainingspläne für den functional Fitness Bereich überall mit hin genommen werden und anderseits ist es für die Mitglieder möglich, sich Übungen überall nochmal anzuschauen. Für einen Aufpreis der Mitgliedschaft können auch Videos des Trainings erstellt und hochgeladen werden. Diese werden von dem Personal in einer gewissen Zeit begutachtet und für den Kunden ein Feedback erstellt. Die Digitalisierung schafft es 2018 ebenfalls in die fünf Trends im Fitnessbereich (DSSV, 2018). Das Risiko hierbei ist, dass Kunden verloren werden, weil ihnen der Zugang zum functional Training fehlt. Dem kann entgegengewirkt werden, in dem eine Veränderung des Kursangebotes stattfindet und hochqualifiziertem Personal es ältere Kunden ermöglicht an das functional Training kennenzulernen. Ein fester Bestandteil des Kursangebotes wird functional Training für verschiedenen Trainingslevel.

2. Unter dem Gesichtspunkt, dass das Unternehmen innerhalb von zwei Jahren die Hälfte der Mitglieder verloren hat, muss die Zielgruppe hinterfragt werden. Um sicherzustellen, dass das Marketing und die Umbaumaßnahmen auch zielgruppengerecht sind, wird eine Umfrage mit den bestehenden und teilweise auch den verlorenen Mitgliedern durchgeführt. Dies führt zum einen dazu, dass abgefragt wird, was die Mitglieder sich wünschen und zum anderen dient es als Ankündigung, dass Veränderungen eingeführt werden. Die Stammmitglieder fühlen sich mit einbezogen und es erhöht die Akzeptanz der Umstrukturierung. Unter dem Aspekt, dass das Studio im jüngsten Stadtteil Berlins liegt und die Menschen in der Regel nur wenige Minuten Anfahrt zum Fitnessstudio in Kauf nehmen, wird

die Zielgruppe jung sein. Deshalb wird der Saunabereich umstrukturiert und auf ein gewisses Minimum reduziert und der Kursbereich modernisiert. Dafür könnten lizensierte Kurse wie „Les Mills" und ähnliche Kurskonzepte zum Angebot hinzugefügt werden. Das Risiko hierbei liegt ebenfalls an dem Verlust von Mitgliedern, die an dem alten Konzept Gefallen gefunden haben. Die Umfrage der Mitglieder soll die Akzeptanz der Umstrukturierung erhöhen.

3. Die veralteten Geräte wurden schon teilweise gegen den functional Bereich ausgetauscht. Die verbliebene Grundausstattung sollte modernisiert werden. Wichtig hierbei ist, dass die Geräte auf dem neuesten Stand sind und flexibel eingesetzt werden können. Damit wird garantiert, dass auch die Kunden trainieren können, die keinen Bezug zum functional Training haben. Um Risiken vorzubeugen wird darauf geachtet, dass die neuen Geräte und die Farbgebung des neuen functional Training Bereiches zum corporate Design des Unternehmens passt, damit die Mitglieder nicht das Gefühl bekommen, dass das Unternehmen komplett sein Profil verändert, sondern nur anpasst.

4. Viele Mitglieder, die gekündigt haben, gaben an, dass das Preis-Leistungsverhältnis nicht stimmt bzw. das Fitnessstudio veraltet ist. Durch die oben genannten Investitionen und Modernisierung wurde transparent und mit Befragung der Mitglieder, die Leistungen spürbar erhöht. Dh. grundsätzlich sollte an dem Preis von 50-70 Euro festgehalten werden, da das hochqualifizierte Personal weiter Bestand haben sollte und das Unternehmen sich nicht um Tief- oder Mittelpreissegment positioniert hat. Vielmehr sollte die Struktur der Mitgliedschaften angepasst werden. Unter dem Aspekt des immer wachsenden Trends der Boutique Studios, ist es möglich die Mitgliedschaften umzustellen. Besonders das junge Publikum zahlt gerne nur das, was sie auch in Anspruch nehmen. Die Beiträge sollten sich an den Besuchen pro Woche orientieren, dh. es gibt Verträge für 3 Besuche, 5 Besuche und so viele Besuche pro Woche wie der Kunde möchte. Je öfter er kommen möchte, desto höher ist der Mitgliedsbeitrag. Ein mögliches Risiko ist, dass die Kunden die Preise immer noch für nicht gerechtfertigt halten. Dem kann entgegengewirkt werden, in dem man den Umbau auch für das Marketing nutzt und gegebenenfalls Neueröffnungsangebote bzw. „Baustellen" Angebote macht und im Vorfeld die Kunden über das Vorhaben informiert.

5   Literaturverzeichnis

Bezirksamt Friedrichshain-Kreuzberg. (Hrsg.). (2017). *Friedrichshain-Kreuzberg in Zahlen.* Zugriff am 01.10.2018. Verfügbar unter https://www.berlin.de/ba-friedrichshain-kreuzberg/politik-und-verwaltung/aemter/stadtentwicklungsamt/stadtplanung/gruppe-bauleitplanung/aktuelles/1-0__171108_zentrenkonzept_f-k-konzept-textteil.pdf

Bruhn, M. (2016). *Marketing: Grundlagen für das Studium und Praxis.* Basel: Springer Gabler.

Corporate identity portal (Hrsg.). (2017). *SportScheck treibt Neuausrichtung der Marke voran.* Zugriff am 01.10.2018. Verfügbar unter https://www.ci-portal.de/sportscheck-treibt-neuausrichtung-der-marke-voran/

Corporate identity portal (Hrsg.). (2009). *Neues Markenzeichen für die Commerzbank AG.* Zugriff am 01.10.2018. Verfügbar unter https://www.ci-portal.de/neues-markenzeichen-fur-die-commerzbank-ag/

Corporate identity portal (Hrsg.). (2017). *Staatsschauspiel Dresden überarbeitet Corporate Design.* Zugriff am 01.10.2018. Verfügbar unter https://www.ci-portal.de/staatsschauspiel-dresden-ueberarbeitet-corporate-design/

Corporate identity portal (Hrsg.). (2018). *Austrian Airlines entwickelt Markenauftritt weiter.* Zugriff am 01.10.2018. Verfügbar unter https://www.ci-portal.de/austrian-airlines-entwickelt-markenauftritt-weiter

DSSV (Hrsg.). (2018). *Fitness-Trends für das Jahr 2018.* Zugriff am 01.10.2018. Verfügbar unter https://www.dssv.de/index.php?eID=dumpFile&t=f&f=3799&token=6a3f17851de3fb2cd7cd0959f57e234f49e74d0c

ESB Business School (Hrsg.). (2011). *Corporate Identity- Aktuelle Trends und Mangementansätze.* Zugriff am 01.10.2018. Verfügbar unter https://www.esbbusiness-school.de/fileadmin/user_upload/Fakultaet_ESB/Forschung/Publikationen/Diskussionsbeitraege_zu_Marketing_Management/08_WP_2011-08.pdf

Fitness management international. (2014). Kieser Training – Imageanpassung. *Fitness management international* (02/14). S. 86-89.

Focus Online. (2015). *Fitness ohne Geräte: Mit Freeletics bis an die Grenze.* Zugriff am 01.10.2018. Verfügbar unter https://www.sueddeutsche.de/news/gesundheit/gesundheit-fitness-ohne-geraete-mit-freeletics-bis-an-die-grenze-dpa.urn-newsml-dpa-com-20090101-150617-99-03402

Freeletics GmbH. (2017). *Freeletics Prssekit.* Zugriff am 01.10.2018. Verfügbar unter https://www.freeletics.com/en/press/wp-content/uploads/sites/24/2017/04/Freeletics_PressKit_DE_06.04.2017_web.pdf

Hirtler, E. (2012). *Analyse des Marketingskonzeptes des RAINER Fitness- und Gesundheitsstudios.* Bachelorarbeit, Hochschule Mittweida. Mittweida.

Methode.de (Hrsg.). (2018). *Die Ansoff-Matrix.* Zugriff am 01.10.2018. Verfügbar unter https://www.methode.de/st/ws/Strategie_Ansoff_Matrix.htm

Manager-Wiki (Hrsg.). (2018). *Branchenstrukturanalyse (Five Forces) nach Poter.* Zugriff am 01.10.2018. Verfügbar unter http://www.manager-wiki.com/externe-analyse/22-branchenstrukturanalyse-qfive-forcesq-nach-porter

Panzeri, A. (2014). Mit Köpfchen. *Werbewoche* (05). TOP2 8-9

Wirtschaftswiki FH Aachen (Hrsg.). (2018). *5-Forces von Porter.* Zugriff am 01.10.2018. Verfügbar unter https://www.wirtschaftswiki.fh-aachen.de/index.php?title=5-Forces_von_Porter

6 Tabellenverzeichnis